NO GANARÁS EL PAN CON EL SUDOR DEL DE ENFRENTE

JULIO UGENA CARRASCO

NO GANARÁS EL PAN CON EL SUDOR DEL DE ENFRENTE

EXLIBRIC

ANTEQUERA 2022

JULIO UGENA CARRASCO

NO GANARÁS EL PAN CON EL SUDOR DEL DE ENFRENTE

A Montse

*«Por un mundo donde seamos socialmente iguales,
humanamente diferentes y totalmente libres».*
Rosa Luxemburgo

*«Si no sueñas, jamás encontrarás
lo que hay más allá de tus sueños».*
Charles Chaplin

*«Requiere menos esfuerzo intelectual
el condenar que el pensar».*
Emma Goldman

*«Dicen que soy un héroe, yo débil, tímido,
casi insignificante; si siendo como soy hice lo que hice,
imagínense lo que pueden hacer todos ustedes juntos».*
Mahatma Gandhi.

Prólogo

Cuando la propiedad privada priva a la mayoría del planeta de propiedad, derechos, bienes básicos para la subsistencia, etc., mirar para otro lado nos hace cómplices.

Cuando el bienestar de una parte del planeta se sustenta en el expolio de las materias primas de otros territorios, y ese expolio, además, conlleva hambre, dictaduras, guerras impuestas…, entonces, la indignación, la lucha y el compromiso por la justicia deben ser las señas de identidad de toda persona de bien.

Cuando las mercancías y los capitales pueden circular libremente, y protegidos, mientras a las personas se les ponen vallas, no podemos tener la conciencia tranquila.

Cuando un mar es la sepultura más grande de la tierra, ser indiferente es ser cómplice.

Situarse neutral con situaciones de agresores y agredidos es ponerse del lado del agresor.

Si las jornadas de trabajo son de doce horas, no hay justicia en la sociedad y si, además, el contrato es de media jornada, menos todavía.

Si trabajar no te libra de la pobreza, una parte de la sociedad comete latrocinio. Si no nos preocupa, la sociedad está enferma. Si el trabajo te quita la vida, o la integridad física, no es trabajo digno.

Cuando se ataca a la poesía, a la prosa, en definitiva, a la literatura, al pensamiento y a la libertad, el fascismo está presente en nuestra sociedad.

Si solo nos preocupamos por el presente y por uno mismo, el egoísmo no nos dejará caminar.

Si caminamos solos, nos aniquilarán a todos juntos. Si nos juntamos, cambiaremos la sociedad.

MUCHAS OLAS JUNTAS, EL MAR

Mar inmenso.
Mar tranquilo, apacible.
Sentado en el acantilado,
relajas, ayudas a la reflexión.

Mar bravo, cabreado,
luchas contra las rocas,
embistes una y otra vez.

Te rompes en el envite,
una y otra vez.
Te rompes, pero no te rindes.
Embistes a la dureza de la roca,
con tu fuerza y tu debilidad.

Ola que, después del choque,
te rompes y te desintegras.

Una, otra y otra,
un día, una semana…
siempre sin rendirte.

Las olas se rompen,
se desintegran una y otra vez,
no se rinden en su lucha.

La constancia
del agua brava
erosiona la fuerte y dura roca.

Agua, que, con tu constancia,
has dejado, y dejas, heridas
en los acantilados poderosos.

Muchas olas juntas,
constancia y voluntad,
dejan mella en la roca.

Esa, a la que no se podía cambiar.

ACCIDENTES LABORALES

Tu posesión:
tu fuerza de trabajo.

El trabajo dignifica
cuando es digno,
cuando da para comer
y la prole llena las tripas,
cuando el trabajo es para vivir,
cuando no te dejas la vida en él.

No solo de comer vive el hombre;
la dignidad de la persona
no solo es un mendrugo de pan.

La dignidad del trabajo
es trabajar seguro.
No puede tener más valor
el precio de una medida de seguridad
que el valor de la vida humana.

Seguridad de volver a casa vivo
después de la jornada laboral;
conservar la integridad física
después del curro;
conservar la salud
después de la faena
debe ser prioridad.

No hay dignidad
cuando el beneficio
pisotea los derechos;
cuando se da menos valor
a la vida y la salud
que al precio de una máquina.

No hay dignidad en el trabajo
cuando una madre o un padre
recibe el cuerpo sin vida de un hijo;
cuando se pierde a un ser humano,
cuando entregan su cuerpo sin vida,
a un padre o una madre,
a un hijo, a un hermano…

No hay dignidad en el trabajo
cuando el trabajo siega una vida;
cuando quien va a la labor
ya no vuelve por su pie;
cuando le llevan
en una caja
convertida en su morada
para toda la eternidad.

Cualquiera puede ser:
hijo o hija, hermana, padre,
pareja, amigo… cualquiera,
mientras en el trabajo
no se priorice la prevención,
la salud laboral, los derechos
y la dignidad.

En memoria de los compañeros de la construcción

¿Qué es lo que hicisteis?,
dicen algunos,
después de disfrutar derechos,
derechos que nunca defendieron.

¿Qué es lo que se hizo?
Ya no se lo puedes preguntar;
no, no porque ya no están.

Cayeron defendiendo derechos,
luchando por derechos nuevos.

Ya no están,
cayeron en la lucha.
Tres, tres muertos en la huelga,
huelga de la construcción, Granada.

Pedro Patiño,
huelga de la construcción, Madrid.
Otros muchos,
que no voy a enumerar.

Prisiones llenas,
siempre de los mismos,
de los que no preguntan.
¿Qué es lo que hicisteis?
Quien hace nunca pregunta eso.

Tú sigue preguntando,
cómodamente,
en el salón de tu casa,
en la barra del bar;
tú sigue preguntando
qué hacen los demás.
Nunca te preguntarás:
¿qué es lo que he hecho yo?

Nunca te preguntarás.
Tú no tienes nada que hacer,
la responsabilidad es de los otros.

El disfrute de lo conseguido,
eso sí, tuyo también es.

¿INFIERNO?

«Te condenarás al infierno»,
le decían al pobre hombre,
le decían a la pobre mujer.

Nadie recordaba
que hicieran mal a nadie,
más allá de maldecir
su mísera vida,
con algún «me cago en lo divino…».

Nunca robaron ni engañaron,
tan solo un día cometieron un mal:
pidieron sus derechos,
pidieron igualdad.
Pecado inconfesable,
que nunca podrán borrar.

«Os condenarán al infierno», les decían.

Tomaron conciencia.
Por ello, empezaron a reivindicar.
Tomaron conciencia,
vieron que el infierno está aquí,
que el infierno tenía que estar vacío,
los demonios pisaban la tierra.

Vieron que unos acaparaban mucho,
mientras muchas y muchos más
acaparaban hambre, miseria…

Juzgaron que no era justo
que las bolsas llenas de oro
tenían que ver con las tripas vacías.

Decidieron actuar,
tomar conciencia y luchar.

Aquellas historias
no se pueden olvidar.

Hoy, hay mucha gente
que está viviendo el infierno.
Otros, las bolsas llenas
en paraísos amontonan.

EL TIEMPO NO ES CIEGO

El tiempo llora,
sintiéndose culpable.
Las desigualdades persisten.

El tiempo recuerda
el alambrado del primer campo,
el día que alguien dijo:
«Este campo es mío».

Al tiempo no se le olvida
el señor que creó su primer ejército,
que invadió el primer campo,
ese campo que, pronto,
rodeó de alambre y espinos.

El tiempo no quiere omitir
las lágrimas, el dolor,
el hambre y la sangre
que el campo vallado
al pueblo llevó.

El tiempo no quiere
distraerse y olvidar,
que, al señor del campo,
pequeña se le quedaba la superficie,
y que aumentó su ejército.

«Grande» lo llamaron,
como los siguen llamando ahora.

El tiempo quiere evocar
cómo se crearon las fortunas
y los títulos nobiliarios,
la multiplicación y crecimiento
de los campos cercados,
la sangre y el sufrimiento del pueblo.

El tiempo rememora
la esclavitud, el señor feudal,
los diezmos, el derecho de pernada…
El tiempo siente
la esclavitud y la servidumbre,
puestas en nómina.

El tiempo, con el tiempo se percata
de que las grandes fortunas
traen causa de aquellos
que cercaron el campo,
que lo regaron de sangre,
que lo saquearon.
Aquellos terratenientes,
aquellos grandes,
aquellos aristócratas…

Legaron todo a sus cachorros,
estos a sus cachorros,
así cachorros tras cachorros;
a algunos de estos, hoy,
se los llama emprendedores.

El tiempo ve cómo ha pasado el tiempo
y, apesadumbrado, llora,
al ver que todavía
el campo se les hace pequeño.

APATÍA, A MÍ QUÉ MÁS ME DA

No te quejes,
no te vi por allí.
¿No va contigo?
No estabas con los demás.

Todo sigue igual.
Tú con la cerveza en el bar.

¿Nadie hace nada?
Eran otros los que luchaban.

Mientras la cosa no estaba mal,
tú ponías las manos,
recogiendo el fruto
de quien luchaba.

Eran otros los que luchaban,
los mismos a los que criticabas.

Hoy, que te lo están quitando,
sigues con la cerveza en el bar.

Los sigues criticando,
pues todo lo hacen mal.

Pero eran los que luchaban,
mientras tú, una cerveza en el bar.

Los culpables son los que luchan.
Tú sigues votando
a los que promesas te dan.

Estos, que sí tienen la culpa,
con tu voto volverán a ganar.

Para ti culpables son los que luchan.

Te quitan derechos. Tranquilo,
tu equipo ficha al mejor jugador.

Siguen quitándote derechos.
Tranquilidad,
tu equipo vuelve a ganar.

Te quitan la dignidad.
No te preocupes,
otros en la lucha están.

Basta ya.

DÍA ACIAGO

Primera alambrada,
imponiendo esto es mío,
con espada, con lanza y hacha,
manos de pobres las empuñan.
Riqueza para uno,
miseria para sus vasallos.

Días aciagos,
otras alambradas
de un mundo rico,
más bien, pequeña parte de ese mundo.

Días aciagos de alambradas,
que se cierran a las personas;
las humildes, las pobres,
abriéndose a las mercancías
robadas en muchos siglos.

Días aciagos que crearon ricos,
que crearon pobres.

Días aciagos,
cultivando la tierra,
sin pan que llevarse a la boca,
picando en la mina,
minerales para el primer mundo;

picando en la mina,
sacando plata, oro o coltán,
mineral que viaja libre,
sin valla que lo detenga,
escoltado por si acaso,
mineral de mucho valor.
¿Para quién ese valor?
No para el progreso de los pueblos,
con hambre, analfabetismo…

Días aciagos,
de creación de dictaduras,
para mantener privilegios
para ellos y para quienes las imponen;
dictaduras que hacen de gendarme,
para que, a los que están sentados
a miles de kilómetros,
les lleguen sus pingües beneficios,
para dominar el mundo.

Días aciagos,
en los que se crean guerras,
para someter a los pobres,
dominando el universo.

Día aciago.
Nacimiento de la propiedad privada.
Día aciago.
Quitando los bienes a quien los produce.

Días aciagos.
Los nacimientos de la mala gente,
de los que robaron la dignidad,
de los que la siguen robando.

Días aciagos.
Los de hoy también,
mientras la desigualdad
siga existiendo.

Maldigo las alambradas,
la esclavitud, la explotación,
el feudalismo.
Maldigo a quienes lo sustentan.

¿VAMOS EN EL MISMO BARCO?

Ganar el pan con el sudor
del de enfrente.
Hay que poner algo,
todos, de vuestra parte.
Hay que dejar el egoísmo, el vuestro.

Salario digno, el mínimo.
Ganancias, siempre son pocas.

Egoístas,
que queréis más salario
y cargaros la economía.

Qué despropósito,
novecientos euros
el salario mínimo interprofesional.
¿No llegas a fin de mes?
Porque vives por encima
de tus posibilidades.

Copiad de mí,
que ahorro y lo llevo a las islas Caimán.

Todos vamos en el mismo barco, ¿o no?

PARA LOS QUE LUCHARON, LUCHAN Y LUCHARÁN

«¿Qué hiciste?, ¿qué hicieron?»,
preguntaba, con sarcasmo.

Ayer aré lo que pude,
araron lo que pudieron
y seguiremos arando.

Germinaron los derechos,
brotaron las ideas;
labrando surco a surco,
crecieron nuevos derechos;
nacieron tallos de libertad,
brotes de solidaridad,
de panículas de igualdad.

Seguiremos arando
hendiduras sembradas de paz,
surcos rectos como la verdad.

Labranza de la tierra,
espigas de recompensa,
farináceos para el pan.

Pan que no a todos ha llegado,
pan que satisfaga
a toda la sociedad.

Seguiremos arando
conciencias ahora baldías,
con semillas para germinar
semillas con ideas justas,
de libertad, igualdad, equidad.

Seguiremos arando,
para transformar la sociedad.

Seguiremos arando.

Pero tú ¿qué es lo que harás?

Espero que todo cambie
y dejes de criticar
en el sofá de tu casa
o en la barra del bar.

Aciertes o te equivoques con nosotros.

Aun con pasos pequeños,
ayudes a caminar.

Después podrás preguntar:
«¿nosotros qué hemos hecho?».

Con más fortuna o infortunio,
seguro que arar y arar.

LEGALIZACIÓN DE COMISIONES OBRERAS

Mil novecientos setenta y siete,
veintisiete de abril,
no fue el inicio de nada,
fue su legalización.

No fue un punto y aparte.
Solo fue un punto y seguido.
La lucha venía de antes.
Ese día, veintisiete, también seguía,
al día siguiente siguió tu lucha
que sigue hasta nuestros días.

Muchos días, semanas y meses.
También años de lucha
desde su inicio en la batalla
por la justicia y la dignidad.
Siempre de la clase obrera,
siempre por la igualdad.

Clase obrera eres,
de trabajadores y trabajadoras naciste,
a su lado siempre estás,
caminas delante,
enseñando el camino.

Delante, pero cerca, siempre caminas,
para que juntos vayamos
unos al lado de unas,
unas al lado de unos.

Todos unidos, todas juntas,
todas y todos unidos y juntos,
todas y todos somos un mismo cuerpo,
el cucrpo de la clase obrera.

Naciste por ser necesario,
necesario sigues siendo,
mientras que los poderosos del mundo
a la clase obrera sigan explotando.

Tu lucha no ha terminado,
mientras no encontremos una tierra
donde se viva la libertad,
una tierra en la que su pan sea repartido,
una tierra donde haya dignidad.

Algún día juntos y juntas cantaremos:
«ni ricos ni pobres habrá».
¡Viva Comisiones Obreras!

PARA Y CON EL PUEBLO

Luchar para el pueblo,
luchar con el pueblo.
Cuando la lucha es sin el pueblo,
despotismo hay.
¿Ilustración? No creo.
Si el pueblo no puede asistir a la lucha,
¿qué lucha es?
Si a la lucha puede asistir el pueblo,
y el pueblo no asiste,
ese será su problema.
¿Puede ser que no se esté en contacto con el pueblo?
Temas a resolver,
si algo se quiere cambiar.
Cosas que habrá que cambiar,
si al pueblo no se quiere adormecer.
Implicar al pueblo en defensa
de sus derechos,
pedir compromiso,
enseñar el camino
de lucha por la dignidad.
Buscando la participación,
compartiendo la lucha,
la sociedad puede cambiar.
Con el pueblo,
para el pueblo.
No solo para el pueblo.

A LA MIERDA EL SISTEMA

Me llaman «antisistema»
de forma despectiva,
intentando insultar.

No me insultan.
Sus palabras no pueden.
Sus prácticas son sus insultos.

Millones de hambrientos,
África,
otros continentes también.
Se ahogan en el mar,
tropiezan con alambradas.
Se les deja morir.
Unos perdiendo la vida,
otros muriendo en vida.

Esclavismo sexual,
explotadores proxenetas,
violadores,
por unos cuantos euros.

Muchos son los millones,
que nada poseen.
Unos pocos acaparando fortunas,
que en miles de años
no se pueden gastar.

Sin escuelas,
sin hospitales, sin sanidad.

Trabajo infantil,
padres sin trabajo,
niños y padres explotados,
maltratados y humillados.

Teléfonos móviles
con sangre.
Sangre del color del coltán
y otras materias primas.

Piedras preciosas
bañadas en sangre,
manos sin callos,
repletas de dinero, las lucirán.
Otras manos encalladas,
hambre, miseria y dolor,
los que con su esfuerzo
proveen de materias primas.

Sin reparto del trabajo,
con menos derechos
laborales,
muchos sin ellos.

Pobres cada día más pobres,
bolsillos cada día más llenos.

Sin medios para calentarse,
desahuciados,
sin techo donde dormir.

Enfermedades sin estudiar.
dependientes sin atender.

SIEMPRE ES EL MOMENTO

«Esclavismo,
sistema, el mejor»,
les repetían sin cesar.

¿Qué haréis sin él?
Se hundirá el mundo,
no hay otra forma de sociedad.
¿Quién se preocupará de vosotros?
¿Quién os azotará cuando lo merecéis?
¿Quién dirigirá vuestras vidas?
Sin mí estáis perdidos,
sin mí todo acaba.

«Servidumbre,
excelente sistema,
no se puede cambiar»,
día a día repetían.

¿Qué haréis sin ella?
¿Quién tendrá el poder de tu vida y tu muerte?
¿Quién decidirá por ti?
¿Quién te protegerá de la invasión?
¿Quién te da la tierra para que trabajes?
¿Quién te deja una pequeña parte de tu trabajo
para que comas ese pequeño mendrugo?
Sin ella estáis perdidos,
sin ella todo acaba.

«Capitalismo,
no existe nada mejor,
sin él, el caos»,
machaconamente repiten.

¿Quién te da medias jornadas de trabajo?
Doce horas.
¿Quién te paga ochocientos euros por ello?
¿No pensarás que te da de comer tu trabajo?
Es él, el que te da de comer sus migajas.
Son suyas,
dale las gracias.
Sin capitalismo, ¿qué sería de ti?
Sin mí estáis perdidos,
sin mí todo acaba.

Siempre el mismo discurso,
siempre el mismo perro, con distinto collar.

Nos engañaban entonces,
ahora también.
Sí, es posible cambiar de sistema;
se cambió y nada se hundió.

Hubo quienes no se enteraron
de que era imposible el cambio,
que el mundo se hundiría.
Lucharon y lo cambiaron;
el mundo no se hundió.

Sabemos que no es imposible.
El mundo no se hundirá,
sí sus privilegios.

Hoy es el momento de no enterarnos
que es imposible,
que el mundo se hundirá.

Hoy es el momento de gritar
¡justicia, igualdad!

Tarde,
pero es el momento de decir ¡basta ya!,
el momento de cambiar este mundo,
el momento de levantarse del sofá.

El momento de tu dignidad,
de nuestra dignidad.

A TODOS LO QUE LUCHARON POR UN MUNDO MÁS JUSTO

Valiente no es
el que no tiene miedo.
El que no tiene miedo
puede ser un temerario.

Valiente es quien, aun con miedo,
no se amedrenta;
el que lucha, no un día,
no un mes,
sino toda la vida.

Valiente es el que,
después de la caída,
se levanta y sigue adelante.

Valiente es el que,
después de batallas perdidas,
sigue luchando por la libertad.

Mil caídas,
mil veces puesto en pie.

En cada caída
algo dejas de ti.

Después de cada caída,
un grano de cambio
para transformar la sociedad.

Un grano de cambio,
con otros muchos,
todo lo puede cambiar.

Mil caídas, mil granos,
muchas caídas tuvieron
los que nos mejoraron la vida.

Muchos tuvieron caídas,
sin percibir los resultados,
los que disfrutamos hoy,
gracias a las muchas caídas.

Eran valientes,
también tenían miedo,
no se amedrentaron.

LA BRISA QUE NOS ACARICIA

A los ausentes,
esos, que siempre están presentes.

Te fuiste,
pero siempre estás aquí.

Tus recuerdos taponan
las heridas del corazón,
para que dejen de sangrar.

Recuerdos de lo vivido,
recuerdos de lo compartido.

Nadie se va para siempre,
mientras los recuerdos
pasean por el hipocampo.

Nadie se va para siempre,
mientras es inquilino
en la cueva
donde habita el corazón.

A esa ausencia,
que está siempre presente.

NO HAY GUERRAS BUENAS

Guerras,
unas matan con armas,
otras matan con hambre.

Muerte con sangre,
muerte de tripas vacías.

Muertes todas ellas,
por codicia, por maldad.

¡Bolsillos llenos!
¡Qué les importa la muerte!
¡Qué les importa la vida!

Gente buena,
mirando para otro lado,
mientras mueren muchos,
de sangre, de tripas vacías.

Muerte y más muerte;
unas, de balas;
otras de hambre.

No a las guerras.

A los que hacen las guerras,
no les deseo nada más
que un mal dolor de tripas,
Si corren, que más les duela;
si paran, que revienten.

A los que matan de hambre, también.

MALDITAS GUERRAS

Malditas sean,
malditas, malditas,
una y mil veces malditas.
Injustas, «justas», malditas.

Malditos sean quienes
sacan beneficios de las guerras;
quienes mandan morir a unos,
los que se enriquecen
con la muerte y sufrimos de otros;
quien se vanagloria de su valentía
sobre su sillón, detrás de una mesa,
en su despacho de lujo;
los vendedores de armas;
los que se apropian por la fuerza
de los bienes de otros pueblos…

Fortunas inmensas, en el mundo,
perviven en la sociedad
del saqueo y apropiación
de guerras de otros tiempos;
unas muy lejanas en la antigüedad;
otras, no tanto.

Malditas guerras.
Malditos quienes las promueven y crean.

Malditos aquellos, sin corazón,
a los que la vida de los demás
no les importa.

Malditas guerras.

Malditos egoísmos.

Malditos malnacidos.

GAZA SE DESANGRA

Guerras, muertes,
hambre, desesperación,
codicia, ocupación, expropiación,
éxodo, refugiados.

Separados por un muro,
por vallas, alambradas.

Setenta años ya.

Expulsados de sus casas,
sus terrenos, sus bienes;
maltratados, bombardeados,
apaleados, detenidos.

Setenta años van ya.

Les quitaron sus casas,
sus pertenencias;
no les dejan acercarse a la verja,
no les dejan protestar.

Ametralladoras,
todo tipo de armas de fuego
contra piedra lanzada
con hondas o con la mano.

Asesinato con alevosía,
premeditado,
de noche, también de día.

Palestina, te desangras,
hoy, desde hace setenta años,
todos los días.

¿Dónde está
la comunidad internacional?
¿Dónde están
los gritos de solidaridad?
¿Dónde está
el derecho internacional?

Solo faltaba un demente
en la Casa Blanca.

Rabia, dolor, desesperación
por tanta atrocidad,
por tanto genocida suelto,
por tanto malnacido,
asesinos, bestias.

No tenéis perdón.

Ojalá os arda la conciencia
y el corazón
el resto de vuestras vidas.

Como siempre,
ortodoxos radicales
en posesión
de las verdades divinas.
Como siempre,
verdades de la fuerza
sin la fuerza de la verdad.

LOS ASESINAN

Malditos, malditos, malditos
los que guerras creáis.
Malditos los que indiferentes están.
Mentiras, más mentiras
las que quieres creer,
las que te relajan la conciencia.

No se mueren,
no se ahogan.
Los asesinan, los empujan a la muerte.
Vidas destrozadas,
historias que no se dejan terminar.

Rotas las familias,
las esperanzas;
rota la dignidad.

No es difícil cambiar la sociedad;
lo difícil es quererla cambiar.

El Mediterráneo se desangra

Mediterráneo,
muerte, dolor, hambre,
persecución, abandono,
huidas, guerras,
puertos que no dejan entrar,
egoísmo, explotación,
expoliación de riquezas naturales.

No se les deja vivir en su tierra,
muerte, dolor, hambre,
persecución, abandono,
huidas, guerras;
unos tienen que migrar
para poder comer;
otros tienen que huir.

Se les expolia,
se les venden armas,
no se les deja pasar,
llegan a prohibir
que los puedan rescatar.

Se enriquecen,
matándolos de hambre,
creándoles conflictos.
Se desangran los pueblos,
para que no luchen por su dignidad.

Continente con muchas riquezas,
que para engordar sirven
a los títeres puestos para gobernar,
para engordar
a los que todo esto manejan,
engordando como cochinos sin más.

Malditas esas riquezas,
malditos quienes las acaparan,
malditas guerras,
maldita explotación.

MEDITERRÁNEO

Mediterráneo,
sangras con tanta injusticia.
Franja de Gaza,
Siria, Libia.

Palestinos sin tierra,
expropiados, refugiados,
maltratados, humillados.

Según nos dicen,
tierra de crucifixión.
Hoy sufriendo con muertes,
muchos heridos,
dolor que se enquista
de muchos años de sufrimiento.

Mediterráneo,
tus aguas se tiñen de rojo.
Refugiados, migrantes.

Gobiernos insolidarios,
pueblos egoístas.
Europa, culpable de tanta injusticia.

Aguas convertidas en cementerios,
tus pueblos en cárceles,
alambradas, concertinas.

Mediterráneo,
hoy quieren que seas tú
el único testigo
de lo que entierras en tus fondos.

Hoy se persigue
a organizaciones humanitarias
que denuncian
lo que está pasando,
que salvan a miles y miles
de seres humanos,
muchos de ellos niños y niñas,
de una muerte segura,
ahogados y enterrados en tus aguas.
Algunos se salvan
por voluntarios
que acuden a ayudar,
por ellos nos enteramos,
estorban, los tienen que expulsar.

Malditos poderosos y sus lacayos.

Mediterráneo,
quieren que tú seas el único testigo
de esa masacre.
Tú, que no hablas.
Tú, que no publicas lo que ves.

Hipócritas
quienes quieren silencio,
quienes ponen vendas
para que no se vea.

Como siempre,
pueblo que no ve,
que no oye,
piensa que no pasa nada,
o así lo quieren creer.

Mediterráneo,
lo que pasa en tus aguas
es crimen de lesa humanidad.
No dejar socorrer,
dejar que mueran
por falta de auxilio es delito.
Estar pasivo ante el drama
es complicidad.

MAL ASUNTO

Mal asunto, malo.
La retina se acostumbra,
el olvido aparece,
la conciencia se relaja.
Mal asunto, malo.

Miles y miles,
mujeres y hombres,
niños y niñas,
personas muy mayores,
ahogadas, atrapadas.
Miseria, dolor, sangre, muerte,
muerte también en vida.
Mal asunto, malo.

Una foto un día
estremece, indigna;
muchos más,
sin embargo, pronto se olvida.
Sin foto, no hace falta ni olvidar.

Hoy son unos, mañana otros.
Ayer fuimos nosotros
en la frontera de Francia.

Podemos volver a ser nosotros.
Mal asunto, malo.
Nos olvidamos,
la vista a otro lado.

No se quiere ver.
¿Será por aquello de
«ojos que no quieren ver
corazón que no sufre?

Mal asunto, malo.

ATENTADOS, TODOS

Malditos atentados,
malditos asesinos.

Me duelen los muertos,
asesinados;
me duelen todos,
los de Europa,
los de los otros continentes,
los de Bruselas,
los de Alepo,
los de cualquier pueblo del mundo.
Todos ellos son mis compatriotas.

Me duelen
los cometidos
con cualquier tipo de explosivo:
los de los que se inmolan,
los de las bombas de racimo,
los de los aviones sin tripulación,
también los de los cohetes.

Hoy me duelen los treinta y cuatro.
No digo el país,
me es igual.
Me importan los treinta y cuatro
muertos, asesinados;

las treinta y cuatro personas,
sean de donde sean,
como me importan los miles
que sufren los atentados
en cualquier pueblo
de este planeta.

Hoy, Bruselas.
Ayer, otro sitio, otro lugar.
Todos me duelen.

Mi más profundo sentimiento
por los asesinados
de cualquier parte del mundo.

REFUGIADOS

Crisis de refugiados:
la foto del niño ahogado que avergüenza a Europa.

Qué dura es la vida;
qué dura, no para todos.

Qué vergüenza.
Esta sí es colectiva,
asistiendo impasibles
a los dramas humanos,
acostumbradas
nuestras retinas ya
a tanto dolor.

Primer mundo,
mire usted, una mierda.

Primer mundo,
¿para qué y para quién?
Para explotar al tercer mundo,
para expoliarlo,
para crearles guerras
a toda esta pobre gente.

Primer mundo que no sale a la calle,
a la calle a cagarse en los culpables
de tanta atrocidad.

Maldigo una y mil veces
a los que mienten,
a los que fabrican mentiras
de armas de destrucción masiva.

Maldigo a esos
que, en nombre de la democracia,
llevan guerras, hambre, miseria.

Democracia traducida
en cómo nos repartimos el petróleo,
cómo le quitamos sus bienes.

Maldigo a esos
que en un casino exclusivo
se reparten el mundo,
a esos que deciden
dónde y quiénes
son los que mueren,
los que sufren.
Maldigo a esos
que se aprovechan
de toda esa miseria
que ellos crean.

Los maldigo,
porque ponen alambradas

Me duele tanta indiferencia,
me duele mucha tinta,
pero las calles, desiertas
de protestas de lucha.

No solo perdemos
las batallas de la dignidad;
estamos perdiendo la dignidad.

ME DUELE

FRONTERAS, HAMBRE, NECESIDAD

Día aciago aquel,
alambradas, fronteras,
propiedad privada
privados de propiedad.

Desahuciados últimos,
de sol a sol,
contrato de cuatro horas.

Se acabó la esclavitud,
siervos y esclavos buscan amo.

Sociedad moderna,
misma explotación.

Unos acaparan,
solo por acaparar.

Solo por acaparar
más que los demás.

Muchos con poco
se tienen que aguantar.

Miedo, necesidad,
familia que alimentar.

Despierta, revélate,
familia que alimentar.

Inhumano,
doce horas sin parar,
el sueldo no llega
para alimentar.

Ya veremos si se puede jubilar,
pues solo cuatro horas
de las doce que trabaja
cotiza ya.

Maldito estómago
que hay que alimentar.

No solo este,
sino otros cuatro más.

¡POR DIOS, NO UTILICÉIS A DIOS!

No, no a los talibanes.
No, no a la utilización de un dios.
No, no a la violencia.

Sí, sí a los derechos de la mujer.
Sí, sí a la libertad de la mujer.
¡Basta ya de imponer la religión,
cualquier religión!
Cada cual que profese la que quiera;
si es ninguna, también.

No, no quiero que vuelva la Inquisición.
No, no quiero que se ataque a cantantes.
No, no quiero que el Gobierno sea Torquemada.
No, no quiero que el fascismo dirija las fiestas.
No, no quiero que,
a quienes critican los abusos del poder,
se les llame «proetarras».

No, no quiero que se ataque a quienes cantan,
mientras esos mismos aplauden al ladrón.
No, no quiero que se ataque al comediante,
mientras aplauden al corrupto.

No, no quiero que ni unos, ni otros
nos lleven al oscurantismo.
No, no quiero volver a la Edad Media.

¡Libertad de pensamiento!
¡Libertad de expresión!
¡Libertad de religión!
¡Libertad de no profesar ninguna!
¡Libertad con mayúsculas!

Nunca la libertad puede ser una cerveza,
y menos, si va acompañada de una peor sanidad.

ALGÚN DÍA, NO SÉ CUÁNDO, SERÁ

«Te equivocas», le dicen.

Él quiere ver pan en las mesas,
ninguna vacía.

Él quiere nóminas justas,
trabajo decente.

Él desea techos,
hogares con personas,
ninguno vacío.
Nadie en la calle,
durmiendo a la intemperie.

No le falta la sonrisa en la cara,
la amabilidad en el trato,
echando una mano
cuando hace falta.

Un mundo feliz,
competir
para crecimiento personal,
no para dejar a nadie atrás.

Sin ser más que nadie,
tampoco menos.

Le dicen: «Te equivocas,
no pisas la tierra, estás loco».

Él visualiza un futuro.
Su locura no es no saber lo que pasa,
es saber lo que debería pasar.

Semillas que esparce,
que tardarán en germinar.

Algún día,
flores, espigas… florecerán.

Brillará el sol
de una sociedad mejor.

CAERSE, LEVANTARSE Y SEGUIR

No es más fuerte
el que nunca ha caído.
Más fuerte es
el que se sabe levantar.

Sigue el camino,
a sabiendas de que al andar
puedes volver a caer.

Nadie es derrotado,
tan solo aquel al que
el miedo a la derrota
nada le deja hacer.
Ya está derrotado.

Te caes, te levantas,
tu meta se acerca.

Solo aquel que tiene sueños
puede caminar.
Al que tiene una meta,
nadie lo puede parar.

Te retendrán,
pero no te podrán parar.
La ilusión y la utopía

te hacen caminar.
El miedo paraliza,
impide andar.

Algunas veces tengo miedo,
no es de extrañar.

Mis sueños, mi utopía y mi ilusión
vencen el miedo,
de pie me ayudan a estar.

Cuando siento dolor,
mi corazón se resiente;
ese mismo corazón es
el que me hace caminar.

Siempre mirando para adelante,
sin olvidar el atrás.

Vivir el momento presente,
sin olvidar el pasado,
mirando al futuro por llegar.
Me atrevo a caer, a volver a caer,
siempre dispuesto a levantarme,
para poder caminar.

Sin ilusión y camino
no hay nada que celebrar.

EL PRESENTE NO ESTÁ SOLO

El presente, para vivirlo;
el pasado, para aprender;
el futuro, de camino.

No hay presente sin pasado,
futuro que venga solo.
La importancia del presente
no se debe desperdiciar.

Pero el pasado tiene culpa
de la actual realidad.
El futuro en construcción,
piedra a piedra hay que levantar;
solo no viene el futuro,
lo tenemos que acompañar;
no sé si para nosotros,
o para los que vienen detrás;
quiero construir el futuro
para mí y para los demás.

Vivir solo pensando en mí,
en el paraíso del presente,
es de egoísmo infinito
y de imprudencia total.

No pensar en el futuro
demuestra insolidaridad.
Olvidarse del pasado,
¿a dónde nos puede llevar?

No olvidar el pasado,
preocuparse por el futuro,
no puede ser obsesión;
hay que vivir el presente
con toda la intensidad.

Vivir intenso el presente,
no podemos renunciar
sin olvidar, ni dejar de soñar.

LOCO

«Estás loco»,
insultarlo quieren
los cuerdos sueltos
que andan por la vida.

Locura de soñar,
locura de conseguir lo soñado.
Loco,
anda persiguiendo
la utopía de su soñar.

Mal vistos, aquellos
que persiguen sus sueños,
aquellos que ven posible
otra sociedad.

Loco, por ver platos llenos
en la mesa inmensa del planeta.

Loco, por un reparto justo.

Loco, por romper los barrotes
que encarcelan las ideas,
los sueños y sus caminos
de ansia de libertad.

Habrá un día en que todos,
al levantar la vista,
veremos nuestros sueños,
haciendo camino
por una nueva sociedad.

METAUTOPÍA

Saber dónde quieres ir,
para iniciar el camino.

Las metas son sueños,
sueños sin dormir,
sueños, utopía,
camino por andar.

Te caerás,
pero volverás a ponerte en pie.
Te perderás,
pero la meta te devolverá al camino.

Sin meta ni sueños,
todo vale;
la comodidad se impone,
¿para qué luchar?

Las palabras son bonitas,
incluso el bla-bla-bla;
vacías de contenido,
a nada conducen.

Sin meta ni compromiso,
¿de qué te puedo hablar?
Solo del bla-bla-bla.

Bonito discurso,
pero ni a ti te dice nada;
sirve para que te aplaudan,
pero no has dicho nada.

Esto último es lo que se lleva,
pues no te hace pensar.
Qué pena, qué desgracia,
nada podremos cambiar.

Cambiaremos algún día,
no lo dudes,
pues empezaremos a participar.

NACIONALIDAD

Mi bandera, la blanca,
la de la paz.
Mis compatriotas,
los ciudadanos del mundo.

Por los que lucho,
por los más deprimidos,

Lo que quiero,
otra sociedad que sea justa.

Mi nacionalidad,
ciudadano del mundo.

Lo que detesto, la opresión.
Me gustaría, la igualdad.
Deseo, la libertad.
Me encanta, la solidaridad.

Contra qué lucho,
contra la avaricia y el acaparar.
Qué no me gusta,
los ladrones de guante blanco,
por las leyes amparados.

Qué cambiar,
la limosna por la igualdad.

Detesto
que alguien sea tan rico
que a las personas pueda comprar,
que alguien sea tan pobre
que se tenga que vender.

Con mis mejores deseos,
que esto que vivimos
lo podamos cambiar.

Si voy solo en esto,
sé que «puedo ir más deprisa»;
acompañado,
sé que podremos ir más lejos

Unámonos en el camino.
Largo el camino es,
pero se puede llegar.
Si no se llega,
al menos, camino hecho dejar
para los que vienen detrás:
nuestros hijos, nuestros nietos…

No podemos dejar
que cada día se caminen para atrás.

No te quedes ahí sentado.
Participa.

Trata de blancas y esclavitud

Esclavas sexuales, no prostitutas.
Las prostituyen.
Proxenetas esclavistas,
la vida no vale nada.

Clientes de esclavitud sexual,
explotadores denigrantes,
abusadores por unos cuantos euros,
sin valor la persona.

Prostituidas, que no prostitutas,
vejadas en lo más profundo,
maltratadas, engañadas,
apaleadas, drogadas.
Palizas hasta quitarles la voluntad,
amenazadas con daños a sus familias;
con el vudú, también.

Deudoras de por vida,
amos o dueños,
deuda que no deja de crecer,
ingresen lo que ingresen.

Países pobres son su procedencia,
sus familias las venden,
malnacidos que las captan,
esclavizan y explotan.

Consumidores culpables, responsables,
no tienen perdón.
Demanda degradante,
consumidores más jóvenes cada día.

Sociedad enferma,
sin valores, sin dignidad.

No hay que resignarse, hay que luchar.
Hay que cambiar
lo podrido de esta sociedad.

DÍA DE LA TRATA DE PERSONAS

Leviatán, proxeneta, macarra, chulo,
bestia inmunda, alimaña,
trata sexual.

Malnacidos, malnacidas,
esclavizan y prostituyen.

«Clientes», consumidores,
cómplices necesarios,
responsables de tal brutalidad.

Mirar para otro lado
no exime la responsabilidad.

Negocio que enriquece,
traficantes, vacíos de dignidad.

Violación, con coartada,
desde el dinero;
no están en venta, las venden,
algún desgraciado las compra.

Falta de dignidad:
del proxeneta
y de quien está dispuesto a comprar.

No se prostituyen, las prostituyen.

LUCES DE CARRETERA

Luces de carretera,
prostíbulos, burdeles
chochales, puticlub,
qué más da el nombre.

Esclavitud, amenazas,
deudas interminables,
palizas físicas,
psíquicas también.

Destrozan la vida
de mujeres, de niñas.
proxenetas despiadados,
tratantes de mujeres.

Malnacidos, proxenetas,
malnacidos, clientes.

Esclavistas los dos:
unos explotando,
enriqueciéndose
con el cuerpo y el sexo
de una mujer;
los otros comprándolo.

Basura es lo que son.

HAITÍ

Haití se desangra:
dictaduras,
pobreza extrema,
terremotos, huracanes.

Los ataques de la naturaleza son duros,
cuando enseñan su poder.

Virulencia de la naturaleza,
junto con extrema pobreza.
Las viviendas,
si se pueden llamar así,
desaparecen
sin quedar nada en pie;
nada resiste,
son tan pobres las construcciones
como quienes las habitan.

Huracán acompañado de miseria.
Miseria que acompañas al huracán.

Haití se desangra.
Haití no tiene bandera,
no la he visto en las redes sociales.
No la tienen o son pobres,
yo no la he visto.

Haití llora.
Haití pide ayuda a Dios.
Si Dios no lo ha frenado,
es que ya no los ayudó.

Se lo piden a Dios.
La sociedad los abandonó,
dejándolos en la extrema pobreza.

Antes del huracán,
antes del terremoto.
Haití se desangra,
¿solo ahora?
Se desangra por la injusticia,
la miseria y el abandono.
La naturaleza consigue sus aliados
en lo injusto de esta sociedad.

OTRA VEZ HAITÍ

No veo banderas.
No veo a Dios.

No sé si existes, no lo sé.
No sé si es que les mandas las siete plagas.
No lo sé.

No sé si estás en activo
o durmiendo la siesta.

Pero manda huevos
castigar a los más pobres.
¿Para ti son estos los pecadores?
¿Son a los que hay que castigar?

Pues no esperes que crea en ti.

Creo que no te importa si creo o no.

Ya tienes a los explotadores,
saqueadores, avariciosos,
repugnantes sanguijuelas.

Esos no sufren nunca tus siete plagas.
Por ello, te adoran,
junto al becerro de oro.

SENTIMIENTOS ESCRITOS

Noche fría, seis bajo cero,
tejados blancos, helados,
aceras resbaladizas,
frío, la tarde del cinco,
noche y mañana del seis.

Campos blancos, no de nieve;
hielo en torno a los olivos,
en los surcos y barbechos;
blanco el suelo, sol de paseo,
charcos, hielo como piedras,
brisa fría en la cara,
cuerpo bien abrigado.
Fría pero soleada mañana,
camino, campo desierto,
no se escucha ni el silencio.

Paseo, como todos los días,
pensamiento, reflexión,
elucubrando historias.

Terminarán en el papel
o quedarán en el olvido.
Reflexiones mañaneras
de lo que pasa en la tierra,
de justicias e injusticias.

Pensamiento crítico,
juzgando lo que ocurre,
actuando en consecuencia.

Tomar partido por lo justo,
aunque la lucha se pierda;
defensa de causas que pierdes,
defensa que crees justa,
perdiendo mil batallas,
algunas, también, ganando.

Perderé batallas, perderé,
no me ganará la injusticia.
Mil batallas perdidas.
Otras, también, ganadas,
siguiendo, sí, adelante.

No sé cuántas perdidas,
no sé cuántas ganadas.
Sé que no he perdido una:
la que invita al abandono.
No he abandonado.

TE QUITARON LA VIDA, PERO NO TE PUDIERON MATAR

Federico, te quitaron la vida,
pero no te pudieron matar.
Vivo estás
en la conciencia del pueblo,
en los corazones de los tuyos.

Semilla eres
que no ha dejado de germinar.

Las malas bestias con dos patas
te quitaron la vida,
pero nuca te podrán matar.

Tú, lo contrario de ellos,
nunca mataste ni matarías.
Tus razones y tu libertad las defendías,
al igual que defendías las de los demás.

Para ello no necesitabas la violencia,
para ello no necesitabas
ningún arma para matar,
ni para intimidar.

Tú no necesitabas la razón de la fuerza.
Tú tenías y tienes la fuerza de la razón.

Tus armas eran sencillas,
pero muy poderosas.
Tus armas eran la pluma y el papel.
Tu arma era la palabra.

Esas armas poderosas
que los cobardes no pueden aguantar.

Te quitaron la vida por rojo,
por estar al lado de tu pueblo.
Te quitaron la vida por homosexual
los que nunca sabrán lo que es amar.

Qué sabrán las malas bestias
lo que es amar
desde cualquier condición sexual.

Te quitaron la vida,
pero no te pudieron matar.
Tu semilla nunca dejará de germinar.
Tu semilla nos llevará a la dignidad.
Tu semilla algún día dará,
que otra sociedad más justa y humana
podamos disfrutar.

Tú nos enseñas que una pluma,
papel y un libro todo lo puede cambiar.

Los cobardes e irracionales
nunca lo podrán aguantar.

Vives en los corazones
de la gente que tiene capacidad de sentir,
que tiene capacidad de amar
desde cualquier condición sexual.

Federico García Lorca

Remueven la tierra,
no te encuentran.
Quisieron acabar contigo.

Malditos aquellos
que dieron la orden,
quienes apretaron el gatillo.

Barbarie, arrasando la cultura,
el pensamiento, la homosexualidad,
matando los anhelos
de una nueva sociedad.

Tú no necesitabas disparar;
a tu palabra, tu pluma,
la temen mucho más.
Escritos en papel,
poesía comprometida,
poesía que enseña,
pedagogía en los escritos,
ideología de la igualdad.

Miedo te tenían, miedo te tienen.
No, no por la espada o el fusil;
por tu voz, por tus escritos.

Te encontramos todos los días
en las librerías, en las bibliotecas,
en el pensamiento justo,
en la palabra «igualdad»,
en el respeto a las personas
que viven su sexualidad.

Tu voz sigue muy viva,
tu poesía mucho más.

Nunca podrán asesinar
las ideas de libertad,
las ideas de igualdad.

Bárbaros, asesinos,
que no hay que dejarlos pasar,
ni aquí, ni en Afganistán.

ALMUDENA GRANDES

Diminuto hoy,
en la historia, ni eso será.

Tú eres grande,
serás recordada
por muchos años,
varios siglos.

Estarás en los templos
de la lectura y el conocimiento,
bibliotecas, librerías…
En el hipocampo
de muchas y muchos lectores.

En el corazón
que no se conformó,
no se conforma
ni se conformará
con la trasgresión
y la mentira oficial de la historia
escrita por el fascismo.

Tú serás siempre grande,
no solo de apellido,
grande como el universo.
Igual de grande
que el universo de tus letras.

Mientras algunos, en días,
nadie sabrá que han existido.

Tú, Almudena,
serás recordada,
junto a Lorca, Hernández…

Tú, Almudena Grandes,
tú, ya eres hija predilecta
de la mayoría del pueblo.
No solo de Madrid.

MIGUEL HERNÁNDEZ

Sigues en el corazón
de muchas personas.
Sigues vivo.
Tu poesía, tu compromiso
siguen vivos.
El pueblo te quiere,
el fascismo te odia.
Les das miedo a los intolerantes.

Una pluma, un lápiz, un verso
les hace daño.
Cuanto más una poesía.

Poesía de compromiso.
Poesía con tu pueblo.

A los de las pistolas,
a los de los puños,
un papel con letras les asusta.

Señoritos de toda la vida,
rastreros que los secundan.
Quieren un pueblo en zapatillas,
rotas o con agujeros en las suelas;
no les importan, mejor.

Malnacidos aquellos
de la razón de la fuerza.
Malnacidos aquellos
de la razón del dinero.
Malnacidos aquellos
que oprimen a su pueblo.
Malnacidos aquellos
que quieren la miseria para los más.

Malnacidos aquellos
que quitan las palabras,
que al poeta matan,
dejándolo morir;
esos a los que da miedo
la palabra, el verso, la poesía.

Miguel Hernández, poeta.
Miguel Hernández,
tu compromiso y tu palabra
nos hacen libres.

Libertad para un pueblo
que no quiere cadenas.
Justicia que rezuman tus letras.
Igualdad que tus versos
buscan sin cesar.
Poesía que busca cambiar
a una sociedad mejor.

Al fascismo todo eso le viene grande.
No le gustan las letras
que hablan de libertad.

Miguel Hernández,
tú sembraste con tu lápiz y tu palabra
ganas de luchar
por una mejor sociedad.

Ni cayeron ni caerán
en saco roto.
Muchos te seguimos
y te seguirán
hasta que en una sociedad
diferente, pero de iguales,
se pueda vivir y disfrutar.

Ese día, quieran o no quieran,
ese día llegará.

TU FUERZA, LA PLUMA Y EL PAPEL

Eres conciencia,
vives en el corazón
de las gentes del pueblo.

Tu semilla sigue germinando;
no ha dejado de germinar,
viviremos algún día de sus frutos.

Tú, la fuerza de la razón,
armado de pluma, papel y tinta.
Tu munición,
palabra que no mata, que da vida,
buscando dignidad.

Asesinos, con razón de la fuerza,
fusiles, puños y pistolas,
escribiendo lo más funesto
de la historia.

Te pasaron por las armas,
te escondieron, para más vergüenza.

No podían aguantar
que fueras del pueblo,

con ansias de libertad e igualdad,
rojo y homosexual.

¿Qué sabrán las malas bestias lo que es amor
desde cualquier condición sexual?

Sigues vivo en las conciencias y corazones.
No, tu nombre y legado no se borrarán.

Tu luz nos ilumina
el camino de una nueva sociedad.

JUNTAR LAS LETRAS

El primer día
se crearon las letras:
a b c… n o p… x y z.

El segundo día
se juntaron las letras:
la «m» y la «a», «ma»;
la «t» y la «o», «to»…

El tercer día
se crearon las palabras:
amor, justicia, igualdad…

El cuarto día
se puso significado a las palabras:
sin igualdad no hay justicia;
quien no quiere la justicia y la igualdad,
no puede sentir amor.

El quinto día
se enseñó a leer y a escribir.

El sexto día
se enseñó a pensar,
la conciencia hizo su aparición.
El séptimo día

la conciencia
empuja al compromiso,
ya es hora de que te comprometas.

Palabras bonitas:
amor, justicia, igualdad, libertad…

Justicia e igualdad:
en invierno nadie pasa frío,
todos tienen calefacción;
nadie pasa hambre,
con un salario digno
llega a fin de mes…

Libertad:
libre para decidir,
sin hacer daño a los demás.

Sin justicia e igualdad,
la libertad es mentira.

Sin poder llenar las tripas,
no se puede tener libertad.
El amor es hacia los demás.
Quien solo mira su cartera,
su hacienda y cómo acaparar
le falta lo principal:
el amor, la empatía.
No tiene corazón.

Nunca seréis felices,
aunque llenos estén
vuestros paraísos,
el paraíso fiscal.
No sé cómo te puedes sentir
cuando llenas tus arcas
con el sufrimiento de los demás.

Conciencia tranquila.
Estará nublado o lloverá,
en tu ser, en tu corazón
lucirá el sol.

Juntaron las letras,
crearon palabras:
justicia, paz, amor, igualdad,
libertad, solidaridad…

Otras que hay que poner en práctica:
compromiso, lucha,
cambio de sociedad.

¡Participa, actúa!
¡Por una nueva sociedad!
¡Por que nadie pase hambre!
¡Por que nadie tenga tanto
que pueda comprar a otros!
¡Por que nadie tenga tan poco
que se tenga que vender!

LIBRO

Esculpidas en piedra,
letras, palabras,
recuerdos del pasado,
historias que se transmiten,
llegan a nuestros días.

Tablillas de arcillas,
escritura del pasado.
Papiros, pergaminos,
transmitiendo conocimientos
del mundo antiguo, sus historias.

Papel de escritura,
libros que te transportan
por parajes desconocidos,
te descubren pensamientos,

Libros que te presentan
a personas que desconocías;
te descubren ideologías, creencias,
historias de amor y desamor,
aventuras y desventuras;
te cuentan la historia de la historia.

Albergan poesías
que alegran el corazón;
también lo encogen a veces.

Libros en piedra, arcilla, papiro,
pergamino, papel, electrónico…

Libro, que libras de la ignorancia,
alimento para el conocimiento.

Libro, que acompañas,
enseñas, descubres el universo.

Libro, nunca te destruirán.
Siempre estarás vivo
para quienes quieren vivir.

SI NO HUBIERA MONARQUÍA

Hay que ver qué alegre estaría
si no tuviéramos monarquía.

Excusa absolutoria.
Lo que el campechano quería.

¿De dónde salían los dineros
que llenaban su monedero,
los del paraíso fiscal,
las visa-abuelo que tenían?

«Son asuntos privados»,
dicen los espabilaos.
Si eso fuera así de verdad,
que pague como los demás.

«Irresponsable», dicen que es,
con refrendo, eso está muy bien.
Que pague quien lo refrendó,
que, si es así, es un mamón.

Inviolable su majestad es
cuando actúa con su cargo.
No para enriquecerse él
cuando actúa en privado
sin tener nada que ver su cargo.

No quiero la monarquía,
pero si la he de tener,
que se regulen sus derechos
y sus deberes también;
que paguen como todos
cuando cometen tropelías.

Si quiere negocios privados,
que deje la monarquía.

El engaño, la corrupción,
fraude, blanqueo de capital,
junto con otras lindezas,
han de ser para todos igual,
por sangre azul que se tenga;
hay que pagar las tropelías
vengan de donde vengan.

Excepción pudiera ser
no saber quién es el menda,
como pasa con aquel
donde pone en el papel
«eme punto Rajoy».

No quiero la monarquía,
aunque el menda del papel
fuera presidente un día.
Sería porque lo han votado,
pero yo nunca lo votaría.

LAS ESTACIONES DE LA VIDA

La primavera comienza la vida,
verano de juventud,
otoño de madurez,
invierno, camino del fin.

Cuatro estaciones,
cuatro etapas,
todas importantes,
todas para vivirlas.

Cuando una se malgasta,
nunca se recupera.

Vivir el momento,
vivir la estación que toca.
Lo pasado es historia,
el futuro ya llegará.
Nunca es mal momento
para la vida.

Se pasó la primavera,
el verano ya se fue,
entre el otoño y el invierno;
es el tiempo que es,
otro no puede ser.

Alargar el otoño.
¿Por qué no el invierno?

No mirar atrás para comparar.
Mirar hacia adelante para respirar.

Hacia adelante está la vida,
vida que no hay que dejar pasar.

A PESAR DE LA NOCHE

Las estrellas se resisten
en la noche de nubes oscuras.
Tenebrosa la noche,
ahogando a los astros.

A pesar de la noche, llega el día.
El día puede ser oscuro,
no dejar que luzca el sol.

Las estrellas nunca se rinden.
El sol no se acobarda.

Por muchos nubarrones,
los astros vuelven a lucir.

A pesar de la noche,
a pesar de los nubarrones,
a pesar de la oscuridad,
a pesar de la niebla…
Muy a su pesar,
la luz vuelve a brillar.

¡Los astros, unidos, jamás serán vencidos!

SE ACABÓ CON LA NOCHE LARGA

Muy a pesar de la noche,
amanece todos los días.

Días de veinticuatro horas,
otros parecen de meses enteros.

Noches oscuras y duras,
que duraron varias décadas.
Muy a su pesar, llegó el día.

El sol que alumbró ese día
acompañado de la lucha venía.

La entrega y el sufrimiento
de quien no está en la historia.
Los necesarios, luchando
imprescindibles, entregados,
anónimos en la lucha.

Anónimos muchos, sin rostro;
otros muy conocidos, con faz,
entre ellos, Marcelino Camacho,
para más señas.

Otros tantos conocidos,
otros muchos anónimos,
sufrieron la larga noche
tormentosa, de muchos años.

Cárcel, exilio, entrega,
combatiendo la injusticia.

Empujaron la historia.
para que llegara el día.

La noche, junto al día
de veinticuatro horas.
Nunca más de décadas
de noches largas.

Nunca jamás.

¡NUNCA LA VUELTA ATRÁS!

Noche muy larga,
muchos años fueron.
Días, semanas, meses, años,
oscuros, de tinieblas y tempestades.

Muy a pesar suyo,
con mucha resistencia,
a esa noche le sucedió el día.

Muchos sacrificios y entregas,
muchas luchas,
de las que muchos dicen
que no sirven para nada,
ya que ellos y ellas
nunca lo hicieron.

Gracias a los que empujaron,
para que el sol
venciera a las tinieblas.
Sol, que, a veces, con sombras
nos ha iluminado.

En ciernes, se vislumbran nubarrones,
nos quieren traer la noche
los nostálgicos del pasado,
del más negro de la historia.

No se puede ceder
a la noche eterna;
no se puede dejar
que el sol deje de brillar.
Apagar la luz es fácil y rápido,
cuando hay inanición social.

Cuando todo es tiniebla,
que llegue el sol
siempre cuesta más:
más sacrificio, más dolor,
más sufrimiento,
más sangre vertida,
como en tiempos pasados,
para que veamos el sol.

En todo esto,
tan solo se echa en falta
al que siempre está,
nunca al que critica
desde el salón de su casa
o en la barra del bar.
«No hacen nada», dicen
con unas cervezas
en la terraza del bar.

«¿Qué es lo que consiguen?»,
dicen otros, tocándose sus partes
en el sofá de su casa.

No quieren la memoria histórica,
para más fácil, su repetición.

No dejemos que llegue
la noche eterna.

La noche, que sea solo
para dormir y descansar;
que dure unas horas, tan solo,
acompañando a la luz
todos los días.

QUE LA HISTORIA NO SE REPITA

Cinco de abril del año treinta y tres,
Domingo de Ramos,
paseo triunfal de Jesús,
hojas de palmas, ramos de olivos,
entre aplausos y vítores.

Cinco de abril de dos mil veinte,
ocho de la tarde,
aplausos, agradecimientos
a los que nos salvan de la pandemia,
a todos los que trabajan por nosotros,
aupados con el agradecimiento.

Nueve de abril del año treinta y tres,
jueves, llamado hoy santo.
Juzgan a Jesús,
Pilatos lo somete al pueblo,
aquel que cuatro días antes
vitoreara a Jesús.

«Crucifícalo», decían.
«Salva a Barrabás».

Esperaron poco
para pasar del paseo triunfal
a llevarlo a la cruz.
Esperaron poco.

Saldremos de la pandemia,
por supuesto que saldremos.
No sé cuándo, pero venceremos.

Cuando todo esto acabe,
médicos, enfermeras,
personal de la limpieza,
funcionarios en general,
cajeras, transportistas,
otros muchos,
que no se nos tienen que olvidar,
¿les seguiremos aplaudiendo?

Espero que el bueno
no sea Barrabás.

Lo habéis dado todo,
para nosotros podernos salvar.
Esa entrega yo os la agradezco,
no os la puedo librar.
Cuando todo esto termine,
que no sea como a Jesús,
que salven al corrupto
y terminéis en la cruz.

Muchos habéis sido
los últimos en la sociedad.
Espero que después de los aplausos
no os vuelvan a sacrificar.

ABRAZOS EN TIEMPOS DE COVID

Abrazos, sin brazos ni cuerpo;
abrazos, con el corazón;
besos, detrás de la mascarilla,
que salen del fondo del alma.

Sonrisas que solo se ven en los ojos,
la boca está tapada.
Sonrisas que iluminan tu ser,
que iluminan a quien las recibe,
que iluminan el espíritu,
con sentimiento y amor interior,
externalizado para ti.

Besos sin contacto,
besos y caricias en la distancia,
saliendo de la cueva,
donde habita el corazón.

Sin el calor del contacto,
ardiendo el corazón,
no con mis manos,
sino con todo mi ser.

Lo importante es lo interior.

VACUNAS

¿Para cuándo la vacuna?
La del covid, por supuesto.

Para el primero de los mundos,
preocupación, por supuesto.

Los más pobres del planeta
¿cuándo se vacunarán?

Vacuna para sarampión
muy vieja para algunos es.
África y otros lugares
fallecen de sarampión.
No les llega esa vacuna,
nos falta preocupación.

Primer mundo preocupa;
el mundo pobre, qué más da.

Pobres, sí, en el primero.

Primer mundo, con pobres;
tercer mundo, olvidado.

Vacunas, sí, para todos.
La del sarampión y otras más
¿para cuándo?
¿Y por qué no?

TÚ, QUE NUNCA TE CAÍSTE

Nunca te caíste,
nunca te atreviste a andar.

Nunca perdiste una batalla,
nunca decidiste luchar.

Nunca te caíste
ni te vencieron,
nunca la sociedad
avanzó con tu ayuda.

No te caíste,
no te vencieron,
naciste ya derrotado.

Quien se cae, se levanta,
continúa andando;
quien pierde una batalla,
sigue en la lucha;
caerá, será vencido
en una batalla,
en otras también,
pero deja huella en la sociedad,
otras batallas ganará.

Pierde batallas,
pero no está vencido;
se cae, pero no pierde el paso.

Me caí muchas veces,
pero supe levantarme.

Mil batallas perdidas,
la principal ganada:
no caer en el desánimo,
no caer en la apatía,
seguir luchando.

No abandonar,
principal victoria.

DESPACIO, QUE TENEMOS QUE LLEGAR

Días de esperanzas,
días de templanza,
días de mucha racionalidad.

Hay que cambiar muchas cosas,
muchos pasos se tienen que dar.
Paso hacia delante,
nunca para atrás.

Despacio, que llevamos prisa,
paso a paso, hacia adelante.
No todo se puede cambiar en un día,
tampoco en una legislatura.
Siempre adelante, el vaso medio lleno
poco a poco se ha de llenar.

En otros tiempos se llamaba
análisis de coyuntura,
correlación de fuerza, también.
Fuerza, la que tenemos,
se tiene que conseguir más.
Somos los que somos,
se necesitan más.

Los cambios son importantes;
los buenos, los que avanzan
paso a paso, poco a poco.

Si se avanza,
mira el vaso medio lleno;
si solo lo ves medio vacío,
algunos vendrán y te lo vaciarán.

Poco a poco, adelante.
Un día es poco,
un año también,
con una legislatura no hay bastante.

Hay que cambiar la sociedad,
no te canses
porque no se cambie de golpe.

Cambio a cambio, ley a ley,
pedagogía y concienciación.

Paso a paso,
el camino lleva a la esperanza;
no corras que llevo prisa.
No dejes que otros lleguen
y caminen hacia atrás,
que esos sí que van deprisa.

Se abren caminos de esperanzas.
Dejemos que camine la esperanza;
no la asfixiemos,
que la involución viene detrás.

Poco a poco, adelante,
paso a paso,
al mejor ritmo que se pueda.
Un mundo mejor y más justo nos espera.
Llevo prisa para ello;
por ello, despacio, que hay que llegar.

ESPARTACO-UTOPÍA

Isla imaginaria,
nueva sociedad
esperada por soñadores.

Fantasía,
que transciende la realidad.
«Sin valor práctico»,
los pragmáticos dicen,
los que nunca sabrán soñar,
quienes quieren las cosas constantes
sin que nada los haga variar.

«Esclavitud, sujeción
y sometimiento de una persona
a otra persona
no se puede cambiar», decían.

Espartaco, soñabas con la libertad,
tu lucha nunca fue en vano.

Tu lucha nos ayudó.
Tu lucha nos guiará.

CONSTRUIR EN EL CAMINO

Camino sin andar no habrá,
el camino día a día
se tiene que recorrer.

Sin los que ya caminaron,
no habría derechos.
Sin su camino, no habría justicia.

Si no caminamos,
el sendero que construyeron
desaparece.

Camino,
que otros pies ya cansados
y otros pies ya menos fuertes
dejaron de caminar,
otros que también se pararon
cuando se les acabó el respirar.

Pies disminuidos de fuerzas,
lentos ya en su caminar,
aunque lentos, no dejaron de andar.

Si quieres camino,
no dejes de caminar;
si no has caminado nunca,
ya es hora de empezar.

Vive andando
o vive alienado:
tuya es la decisión.

Si quieres derechos,
justicia y libertad,
camina, acompaña,
ayuda a caminar.

CUNETAS Y FOSAS COMUNES

Dignificar, no al olvido.

Dolor de los familiares,
de quien tiene conciencia también;
rabia de esta sociedad
y de las personas honradas.

Derecho de no olvidarlos,
derecho de exhumación,
alegría de sacar los cuerpos,
nunca allí debieron estar.
Justicia que se merecen,
ya que siempre se les negó.
Los suyos tienen derecho
a enterrarlos con dignidad;
a saber dónde está el tío,
la madre, hermano o abuela;
a saber dónde está el amigo,
amiga o mi semejante,
que a mí me duele también.

Ver las cunetas florecer,
las fosas comunes vaciar
del dolor y sufrimiento
de no saber dónde están.

LIBERTAD, ¿DE QUIÉN?

Significaste mucho,
mucho tiempo.
Te enseñan y cultivan
contra dictaduras
y poderes absolutos.

Libertad sin miedos
de ponerse al lado
de quien está peor,
de solidarizarse,
de entrega por la igualdad.

Libertad de luchar por lo justo,
de soñar y perseguir los sueños;
libertad con equidad,
templanza y comunión de bienes;
libertad de buscar la justicia,
la igualdad y la solidaridad.

Libertad, siento que te prostituyen,
te utilizan, para quitar libertad
a todos los que no tiene nada,
para destruir los derechos
que los desposeídos necesitan:
sanidad, enseñanza,
salarios justos…

Libertad de paraísos, los fiscales,
de votar a quien te disminuye tus derechos,
de aplaudir a quienes dicen
que bajarán los impuestos,
aunque tus salarios sean tan mínimos
que no te alcancen sus rebajas;
libertad para estar contento
por pagar menos el rico;
libertad de alegrarte
cuando eliminan o disminuyen
la Ley de Dependencia.

Esta libertad solo es
la libertad del botellín,
la de la sanidad privada,
la que priva de sanidad,
la enseñanza privada…
no la de la solidaridad.

OCULTO TRAS UN TROZO DE TELA

Qué ciegos,
cuando un árbol
tapa el bosque.

Qué ciegos,
cuando una bandera
tapa la realidad.

Banderas que tapan vergüenzas.

Banderas que ocultan la desigualdad.

Banderas que enardecen corruptos,
ladrones e indeseables.

Banderas que se niegan a dialogar.

Banderas que ocultan el hambre,
el machismo y la humillación.

Banderas de los poderosos.

Banderas que algunos pobres siguen
para defender los intereses
de quienes les privan de todo,
también, de su dignidad.

PASIVOS

Pasivos, así nos quieren,
Incultos, apolíticos,
sin pensamientos, sin sueños,
seguidistas, sin horizontes,
sin un camino que seguir,
pragmáticos, sin utopía.

Sin metas a donde encaminarse.

Banderas, nacionalismos,
nacionales o del Estado;
para el caso, qué más da.
Sin derechos sociales,
no hay nada que ondear.

Defensores de la patria,
patria de su propiedad;
banderas en la muñeca,
la cartera en paraíso fiscal.

Patria a la que poder saquear.
Pobres ayudando a su amo,
para hacerlo realidad.

Banderas alentadas
por ricos y poderosos,
seguidas por algunos pobres.

Desheredados de la tierra
defienden a los acaudalados.

Banderas sin reparto,
de egoísmo, sin igualdad.
Recortes de derechos,
tapados con la enseña.

Banderas que tapan vergüenzas,
cubriendo al poderoso,
la corrupción y el latrocinio.

Bolsillos llenos,
estómagos vacíos.
Recortes en sanidad,
enseñanza y dependencia,
que a otros engrandecerán.

¡Despertad ya!
¡Ayer ya era tarde!
La utopía nos espera,
enseñando el camino
del sueño a realizar.

Sueño realizable
de cambio de sociedad.
Como bandera, la justicia
la libertad y una equitativa igualdad.

¡Hay camino!
¡Solo hace falta echar a andar!

RADICAL

Radical, radicalidad.
Sí, radical.
Arrancar de raíz la maldad;
de raíz, sí, las fronteras,
las armas de matar.

Arrancar la xenofobia, la desigualdad,
de raíz, a los que masacran refugiados.

Vergüenza de sociedad,
vergüenza me das, Europa,
vergüenza, mirar para otro lado,
vergüenza, primer mundo, me das.

Radical, sí, radicalidad.
Radical, de raíz y arrancar,
arrancar de este mundo
los cañones, tanques, aviones de guerra
y otras armas de matar.

Radical, sí, radicalidad.
Radical, de raíz y arrancar,
arrancar la avaricia de raíz, arrancar,
arrancar la opresión, la dominación,
la ocupación, el expolio y la explotación.
De unos pueblos a otros,
de unos pocos a los más.

Radical, de raíz y arrancar,
las fronteras que matan,
que no dejan circular.

Radicalidad, sí,
hacia Europa, que vergüenza me da.

Hoy, Siria, Turquía, Grecia, Europa…
Mi país también.

Ayer, mañana y hoy también
con otros países que sufren
la guerra, la opresión, la expoliación
y la explotación.

Mañana, hoy y ayer
con los que sufren hambre,
con los que sufren persecución,
con los migrantes, con los refugiados.
Radical, de raíz de cortar las causas
que los llevan a huir y a migrar.

¿DÓNDE?

¿Dónde están las palabras?
Pregúntale al viento.
¿Dónde la ideología?
No lo recuerda;
si es que la hubo,
se quedó en la puerta
que da vueltas.

Discurso, solo discurso,
engaño más que engaño.

Los suyos,
las multinacionales y sus intereses,
la oligarquía local,
las grandes empresas,
que luego te pueden colocar
y los servicios prestados
saben pagar.

No renuncia al sueldo,
que le pagamos los demás,
cobrando otros salarios,
por no hacer na de na,
solo para compensar
los servicios ya prestados,
jodiendo a los demás.

No te quedas contento,
que a los tuyos tienes que dominar,
aunque algunos
se coman la mierda
a la hora de votar.

No todos se comen la mierda,
pues contigo coincidían ya,
y puertas que dan vueltas,
o tienen, o la tienen que buscar.

PLÁSTICOS Y LATAS

Hojas que caen,
suelo alfombrado.
Suave brisa en la cara.

Gris el día,
cielos cubiertos.

Libro en la mesa a la espera
del final del paseo.
Campo, que oxigena,
que ayuda a la reflexión.
Zonas plagadas de plásticos,
latas y otras mierdas más
compiten con la alfombra
bella de hojas.
Hojas que son naturales,
pero pronto las barrerán.

Los plásticos
seguirán en el paisaje.

Algún día nuestros ojos verán
la belleza de la naturaleza
en todo su esplendor,
sin mierda en los caminos
y otros sitios más.
Algún día, algún día,
esto será.

LLEGARÁ, LLEGARÁ

Se perderán después de la noche,
se perderán en los días siguientes,
meses o años después.

Seguiré soñando, algún día será.

Seguiré su camino, por él se puede llegar.
El día que llegue, el sueño será.
Al llegar, otro sueño vendrá;
no llego, volver a soñar.

Volver a soñar.

Te detienes, el camino se quiebra.

Ni vallas, ni leyes, ni coacción
pueden parar la utopía.

Sociedad nueva no se podrá cortar.

Se juntan los sueños,
se puede lograr.

Solo puedes soñar;
juntando los sueños,
más cerca la meta puede estar.

Sueña, camina, comparte el soñar,
más fácil será el llegar.

Unos ven molinos,
yo veo gigantes.

Ven economía, yo veo maldad.

Llenos algunos bolsillos,
hambre y mucha maldad.

Otra cosa será,
no dejes de soñar.

Despierto sueña,
no dejes de caminar

En sueños, los gigantes
y la económica a la mierda se van.

Ya llegará.

MAÑANA

Mañana.
¿Qué será mañana
si dejamos
que nos arruinen el futuro?

Mañana.
¿Qué será mañana
si seguimos impasibles?
¿Qué será?

¿Dónde ha quedado la conciencia
de justicia social?
¿Cómo será la sociedad de mañana?
¿No lo sabes?
Empieza a pensar.

El muro de Berlín cayó;
no, por ello,
perspectivas te deben faltar.

Piensa, pensemos,
poniendo en común.
¿Qué sociedad queremos?

No necesitamos
el otro lado del muro

para la creación
de una justa sociedad.

Una, teórica, tenemos que crear,
para convertirla en realidad.

Lo que queremos,
en común se tiene que desarrollar.

En común se podrá lograr.

¿No participan?
Ayudemos
a poner de moda el participar.

¿Qué queremos?
Respuestas,
las que tenemos que dar.

Si nos sentimos cómodos
con lo que hay,
de nada tendremos que hablar;
de lo contrario,
mucho tendremos que elaborar.

Mañana.
¿Qué será mañana?
¿Qué queremos para mañana?

SANGRE AZUL

Le venía de sangre azul,
herencia de sus antepasados.

Herencia de chanchullos,
de puteros y ninfómanas,
de cómo llenar las faltriqueras
de fraudes, cohechos,
corrupciones y otras sinvergüencerías.

Por herencia, por voluntad divina,
por voluntad del dictador.

Como otros muchos «patriotas»,
la patria en la cartera,

«Su servicio a la patria»
era un servicio a su persona.
Sus patrias: el dinero,
Suiza y cualquier paraíso.
Paraíso, para su pasta;
paraíso, el fiscal.

Irresponsable, sin responsabilidad,
para sus actos reglados,
ampliándolos
para sus actos personales,

para sus fechorías,
inviolable, con impunidad,
para todas sus tropelías.

¿Todos los españoles
somos iguales ante la ley?

Prescripción, buscada,
permitida, elaborada,
por la desidia, la connivencia
de quienes tienen la labor
de hacer cumplir las leyes,
de quienes tienen que perseguir los delitos.
De quienes quieren
instituciones de la Edad Media.

SEIS DE ENERO

Yo había pedido a los Reyes
que acabaran con el hambre
en el tercer mundo…
y con el colesterol en el primero.

Seguro que, como siempre,
no me han escuchado.

Yo no desisto,
seguiré pidiendo esto
y otras cosas parecidas.

Algún día escucharán.

PAPÁ NOEL, REYES MAGOS

Si os portáis bien, vendrá Papa Noel;
si no sois malos, llegarán los Reyes Magos.

Si sois buenos, os traerán buenos regalos;
si no habéis sido malos, os dejarán muchas cosas.

Eso lo oían todos los días ella y su hermano.
Llegaba la noche del veinticuatro de diciembre,
después la cabalgata el cinco de enero.
Primer día, no habían dejado nada,
el segundo, ni un mal juguete.

Se repetía otro año más.

Vivieron pensando lo malos que eran,
pues nunca recibían nada.

A sus vecinos
el veinticuatro les traían muchas cosas,
el cinco también.

La pequeña y su hermano pensaban:
«somos más malos que ellos,
no nos merecemos nada».

La niña y su hermano preguntaron
a su hermano algo mayor:
«¿Dónde están papá y mamá?».

«Buscando trabajo,
que llevan mucho tiempo en el paro».

«¿Ayer dónde estuvo papá?
«¿Renovando los papeles,
para poder cobrar el subsidio?».

«Ah, por eso no ha tenido tiempo
de escribir la carta a los Reyes.
Por eso, y por ser malos,
no nos traen nada».

«No, no sois malos.
Son los Reyes y Papá Noel,
que no saben nada más
que de riquezas y dinero,
lo que les ha enseñado
esta sociedad».

VEINTICUATRO DE DICIEMBRE

Veinticuatro de diciembre,
celebración, Jesús, belén,
celebración, lechoncillo, besugo,
cabritillo, otros manjares.

Llora Jesús, no tienen para cenar;
en un pesebre, mula y buey le dan calor.
Llora Jesús en Alepo, ya le han quitado
la mula y el buey.
Llora Jesús en una patera en brazos de María.
Llora Jesús frente a las alambradas,
lágrimas derramadas en concertinas.

Fuiste extranjero, hoy sigues siéndolo.
Manifestación, bandera incluida,
pancarta «fuera los extranjeros».
Horas después, celebración, nacimiento de Jesús.

Te celebran y te quieren mucho, lejos.
El barco de tu rescate no lo quieren en el puerto.
Te quieren mucho, lejos,
en Alepo, en otros sitios.
Te quieren mucho, estás sin mula y sin buey,
a Dios rezando, a los pobres olvidando.

Hiciste un milagro ya de mayor.
No fue el de multiplicar,
las matemáticas no eran lo tuyo;
se repartieron el pan y el pescado,
hubo para todos. Eso sí fue un milagro.

Un día te aclamaron en una montaña.
Los poderosos dijeron que eras extremista,
utilizaron el populismo derechoso.
Los que te aclamaban tuvieron miedo,
optaron por Barrabás.

Utilizaron su ley mordaza, con otras leyes represivas;
te condenaron, como a cualquier rapero.
A ti, fueron más allá: te asesinaron.

Los del templo se vengaron,
ya que los echaste a patadas.
Hoy, algunos del templo te acompañan
en procesión al Gólgota,
no sea que vuelvas a resucitar
y les pongas la cara colorada.

Tu vida ha sido y sigue así.
Pobre en un pesebre, te cubren de oro.
Hoy sigues teniendo problemas como extranjero;
eso sí, te siguen celebrando.

No te dieron posada. Hoy no te dejan pasar,
pero te siguen queriendo;
solo ver las mesas de exquisitos manjares.
No te quejarás, son en tu nombre.

Ay, señor, señor, el nombre de Dios en vano.

VEINTICINCO DE ABRIL

Quisiera ser clavel
del veinticinco de abril,
tapar todas las bocachas
de ametralladoras y fusiles
para no dejar pasar las balas,
llevar vida, y no muerte.

¿Para cuándo la unión de los claveles?
También de las rosas.

Claveles y rosas,
geranios, tulipanes,
calas, hortensias… unidas.

Tanque quiero dejar de ser,
que me incorporen arados;
dejar de destruir la tierra,
quiero arañar la tierra
con surcos para sembrar
semillas que granos den,
para quitar el hambre,
para traer el pan.
Que me cambien las balas
por claveles, rosas
y otras flores más.

Avión no quiero dejar de ser,
que me quiten los misiles,
que me quiten las bombas.
Quiero dejar de matar,
quiero transportar comida,
paz, justicia e igualdad.

Barco me hicieron,
me prepararon para matar;
no quiero sembrar la muerte,
vida es lo que quiero llevar.
Que me carguen de claveles,
como el veinticinco de abril,
olor a claveles
en las calles de Portugal.

Que se acaben las guerras,
que crezcan los jardines.

Que lleguen los salarios justos,
la justicia y la igualdad.
Sin justicia social,
sin derechos para todos,
sin dignidad para vivir,
podrá no haber guerra,
pero no podrá haber paz.

¡Viva la Revolución de los Claveles!
¡Viva una mejor sociedad!

Epílogo

Pasó el tiempo. La mayoría de la sociedad había abierto los ojos.Vieron lo que ocurría, juzgaron los hechos que se producían y empezaron a concluir que no les gustaba lo que pasaba.

Se comenzó a poner en común el pensamiento, a pensar qué sociedad era la que se quería. El reflexionar se puso de moda; las discrepancias no eran obstáculo para el debate; se exponían tesis, también las antítesis, construyéndose las síntesis.

Muchas y muchos empezaron a soñar y, al juntar esos sueños, apareció la utopía colectiva. Esto conllevó saber que había una meta a la que dirigirse.Al tener un puerto hacia donde dirigir la nave, se dejó de ir a salto de mata. De pronto, había un quehacer, para conseguir esa sociedad donde vivir todas y todos bien.

Ya no hay concertinas; las fronteras están abiertas; nadie viaja por hambre o sufrimiento en su tierra; los viajes ya no solo son de placer, también para vivir en el sitio donde cada persona se encuentra más a gusto. Los viajes ya no son solo en una dirección, sino en ambas direcciones.

El trabajo es digno y seguro, nadie pasa hambre, toda persona tiene un techo donde vivir y dormir.

Todo esto se consiguió, pero nadie se duerme en los laureles. Desde pequeños, a los nuevos habitantes del planeta se les explica que esas condiciones no han sido siempre así, que se consiguieron con la lucha y la entrega de muchas mujeres y hombres que no se amedrantaron, que, aun con miedo, se plantearon hacer frente a la injusticia. No se rindieron, a pesar de las múltiples caídas, siempre sabiéndose levantar. Desde pequeños sabían que lo que disfrutaban de la sociedad no había caído del cielo.

La libertad y los derechos no se mendigan, se conquistan. Cuando se tienen, se defienden. De lo contrario, te los recortan; mejor dicho, te los quitan.

Índice

Sobre el autor

Julio Ugena Carrasco (1952) es abogado y actualmente está jubilado. Trabajador de la madera durante veintidós años, fue a la escuela desde los seis años a los doce. Obtuvo el certificado de estudios primarios en el año 1975, mientras hacía el servicio militar.

Tras superar el acceso a mayores de 25 años por la UNED, se licenció en Derecho en 2006. Su aula de estudios fue su casa y unas pocas tutorías a las que pudo asistir. Estudiaba por las noches, los fines de semana y los días festivos.

Afiliado a Comisiones Obreras, ha desempeñado distintos cargos en este sindicato, entre otros, secretario general de CCOO-FECOMA en Castilla-La Mancha; miembro del Consejo y Ejecutiva Estatal de esta sección sindical; miembro del Patronato de la Fundación Laboral de la Construcción y vicepresidente de la Fundación Laboral de la Construcción de Castilla-La Mancha.

Fue concejal en el Ayuntamiento de Yuncos, elegido en las primeras elecciones municipales de la democracia. Inició su militancia en la Hermandad Obrera de Acción Católica (HOAC) en 1975. Desde ese momento, participó en la política, en lo sindical y en varios movimientos asociativos. Desde entonces, no ha dejado de participar y militar en pro de una nueva sociedad.

En 2021 publica su primer libro, *¿Quieres seguir en el pasado o avanzar hacia el futuro?*